ORAÇÃO AOS
MOÇOS

O livro é a porta que se abre para a realização do homem.

Jair Lot Vieira

RUY BARBOSA

ORAÇÃO AOS MOÇOS

Copyright desta edição © 2021 by Edipro Edições Profissionais Ltda.

Todos os direitos reservados. Nenhuma parte deste livro poderá ser reproduzida ou transmitida de qualquer forma ou por quaisquer meios, eletrônicos ou mecânicos, incluindo fotocópia, gravação ou qualquer sistema de armazenamento e recuperação de informações, sem permissão por escrito do editor.

Grafia conforme o novo Acordo Ortográfico da Língua Portuguesa.

2ª edição, 2021.

Editores: Jair Lot Vieira e Maíra Lot Vieira Micales
Coordenação editorial: Fernanda Godoy Tarcinalli
Revisão: Brendha Rodrigues Barreto
Diagramação: Ana Laura Padovan
Capa: Marcela Badolatto | Studio Mandragora

Dados Internacionais de Catalogação na Publicação (CIP)
(Câmara Brasileira do Livro, SP, Brasil)

Barbosa, Ruy, 1849-1923.
   Oração aos moços / Ruy Barbosa. – 2. ed. – São Paulo : Edipro, 2021.

   ISBN 978-65-5660-022-2

   1. Discursos brasileiros I. Título.

20-48118   CDD-869.95

Índice para catálogo sistemático:
1. Discursos : Literatura brasileira : 869.95

Cibele Maria Dias – Bibliotecária – CRB-8/9427

São Paulo: (11) 3107-7050 • Bauru: (14) 3234-4121
www.edipro.com.br • edipro@edipro.com.br
@editoraedipro   @editoraedipro

SUMÁRIO

NOTA DA EDITORA **7**

ORAÇÃO AOS MOÇOS **13**

NOTA DA EDITORA

Nascido em 5 de novembro de 1849, na cidade de Salvador, Bahia, Ruy Barbosa é uma expoente figura histórica brasileira. Suas contribuições ao país deram-se principalmente no Jornalismo, na Política e, notadamente, no Direito. Segue-se um simples e despretensioso esboço sobre sua trajetória, para que o leitor possa compartilhar da genialidade do mestre Ruy Barbosa, assim como apreender a importância de **Oração aos moços** para a ética do Direito brasileiro.

Ruy Barbosa ingressou na Faculdade de Direito do Recife em 1866; dois anos mais tarde se transferiu para a Faculdade de Direito de São Paulo, onde graduou-se bacharel em 1870.

Enquanto graduando, participou de associações abolicionistas, iniciou-se na imprensa e pronunciou seu primeiro discurso político, em saudação a José Bonifácio, bem como a conferência abolicionista "O elemento servil". Fundou *O Radical Paulistano*, com Américo de Moura, Benedito Ottoni, Bernardino Pamplona e Luís Gama. Em 1872, estreou no júri e tornou-se colaborador do *Diário da Bahia*. Logo se envolveu em campanhas a favor da reforma eleitoral e da liberdade religiosa, e se posicionou contrário ao alistamento militar obrigatório.

Tornou-se Deputado da Assembleia Legislativa Provincial da Bahia em 1878, e, no ano seguinte, Deputado da Assembleia Geral Legislativa da Corte.

Na década de 1880, formulou o projeto "Lei Saraiva" de eleição direta; tornou-se membro do Conselho Superior de Instrução Pública; escreveu "O elogio do poeta", em homenagem a Castro Alves (de quem fora colega de graduação na Faculdade de Direito de São Paulo); elaborou os Projetos de Reforma do Ensino e apresentou o parecer sobre o Ensino Primário – bem como o Secundário e Superior –, instaurando na grade primária a educação física, o ensino musical, o ensino do desenho e dos trabalhos manuais – o que lhe valeu o título de Conselheiro do Imperador.

Ainda na mesma profícua década, elaborou o projeto "Lei dos Sexagenários", sobre a emancipação dos escravos, e ratificou a campanha abolicionista com o discurso "Aos abolicionistas baianos", no Teatro São João da Bahia. No mês seguinte, em 13 de maio de 1888, viu se tornar realidade o ideal abolicionista, com a assinatura da Lei Áurea.

Em 1889, a República foi proclamada, e Ruy Barbosa, nomeado Ministro da Fazenda e da Justiça. Passou a se dedicar à reforma bancária, ao projeto de separação entre Estado e Igreja, ao projeto da Primeira Constituição Republicana, ao cargo de Senador da Bahia (ao qual renunciou em 1892), à Carta Magna e à publicação de *O Estado de Sítio*. Combateu a política de Floriano Peixoto com artigos publicados no *Jornal do Brasil*, cujas consequências o levaram ao exílio, em Buenos Aires na Argentina.

Ao retornar do exílio – época em que realizou várias viagens, inclusive para Londres, que lhe rendeu o volume *Cartas da Inglaterra* –, iniciou intensa atividade jurídica.

O início do século XX para Ruy Barbosa foi marcado por fatos significativos, entre eles:

a polêmica das *Ligeiras observações sobre as emendas do Dr. Ruy Barbosa ao projeto do Código Civil*, escritas pelo Prof. Carneiro Ribeiro, episódio conhecido como "Réplica"; a candidatura à Presidência da República; o convite do Barão do Rio Branco para representar o Brasil em Haia, na Conferência da Paz; e a substituição de Machado de Assis na Presidência da Academia Brasileira de Letras.

Destacadamente, como delegado do Brasil em Haia, Ruy Barbosa revelou seu brilhantismo por meio de discursos impecavelmente tecidos, de grande eloquência e conteúdo polêmico, nos quais afirmou a igualdade entre as nações e contrariou a vontade hegemônica de países como Estados Unidos, Inglaterra e Alemanha. Em dezembro de 1907, ao retornar da conferência, Ruy Barbosa já era aclamado como o "Águia de Haia", cujo voo alçara para além das intenções belicosas e imperialistas.

Na eclosão da Primeira Guerra Mundial, apesar de não ser favorável à guerra, manifestou-se a favor dos Aliados e passou a proferir discursos sobre o Direito Internacional. Suas atividades se atenuaram quando passou a ter problemas de saúde, em 1922, ano em que foi homenageado pelo Presidente de Portugal. Faleceu, aos 74 anos, em 1º de março de 1923.

Como legado à deontologia forense e à ética profissional do Direito, Ruy Barbosa deixou densa obra, em que se destaca o discurso *Oração aos moços*, proferido aos formandos da Faculdade de Direito do Largo de São Francisco (USP) em 1921. Devido a seu estado debilitado de saúde, Ruy Barbosa foi representado pelo Diretor da Faculdade, Reinaldo Porchat, na solenidade ocorrida em 29 de março de 1921.

Neste discurso, como paraninfo, Ruy Barbosa fez uma comovente explanação crítica sobre sua atuação como advogado, jornalista e político, e evocou o espírito questionador dos bacharelandos para uma postura ética no exercício da profissão, tão imprescindível hoje quanto no momento em que foi suscitada.

ORAÇÃO AOS MOÇOS

Senhores:

Não quis Deus que os meus cinquenta anos de consagração ao Direito viessem receber no templo do seu ensino em São Paulo o selo de uma grande bênção, associando-se hoje com a vossa admissão ao nosso sacerdócio, na solenidade imponente dos votos em que o ides esposar.

Em verdade vos digo, jovens amigos meus, que o coincidir desta existência declinante com essas carreiras nascentes agora, o seu coincidir num ponto de interseção tão magnificamente celebrado, era mais do que eu merecia; e, negando-me a divina bondade um momento de tamanha ventura, não me negou senão o que eu não devia ter tido a inconsciência de aspirar.

Mas, recusando-me o privilégio de um dia tão grande, ainda me consentiu o encanto de vos falar, de conversar convosco, presente entre vós em espírito; o que é, também, estar presente em verdade.

Assim que não me ides ouvir de longe, como a quem se sente arredado por centenas de quilômetros, mas ao pé, de em meio a vós, como a quem está debaixo do mesmo teto, e à beira do mesmo lar, em colóquio de irmãos, ou junto dos mesmos altares, sob os mesmos campanários, elevando ao Criador as mesmas orações, e professando o mesmo credo.

Direis que isto de me achar assistindo, assim, entre os de quem me vejo separado por distância tão vasta, seria dar-se, ou supor que se está dando, no meio de nós, um verdadeiro milagre?

Será. Milagre do maior dos taumaturgos. Milagre de quem respira entre milagres. Milagre de um santo, que cada qual tem no sacrário do seu peito. Milagre do coração, que os sabe chover sobre a criatura humana, como o firmamento chove nos campos mais áridos e tristes a orvalhada das noites, que se esvai, com os sonhos de antemanhã, ao cair das primeiras frechas de ouro do disco solar.

Embora o realismo dos adágios teime no contrário, tolerem-me o arrojo de afrontar uma vez a sabedoria dos provérbios. Eu me abalanço a lhes dizer e redizer de não. Não é certo, como corre mundo, ou, pelo menos, muitas e muitíssimas vezes, não é verdade, como se espalha fama, que "longe da vista, longe do coração". O gênio dos anexins,[1] aí, vai longe de andar certo. Esse prolóquio tem mais malícia que ciência, mais epigrama que justiça, mais engenho que filosofia. Vezes sem conto, quando se está mais fora da vista dos olhos, então (e por isso mesmo) é que mais à vista do coração estamos; não só bem à sua vista, senão bem dentro nele.

Não, filhos meus (deixai-me experimentar, uma vez que seja, convosco, este suavíssimo nome); não: o coração não é tão frívolo, tão exterior, tão carnal, quanto se cuida. Há, nele, mais que um assombro fisiológico: um prodígio moral. É o órgão da fé, o órgão da esperança, o órgão do ideal. Vê, por isso, com os olhos d'alma, o que não veem os do corpo. Vê ao longe, vê em ausência, vê no invisível, e até no infi-

---

1. *Anexins*: ditados populares, com pouca ou nenhuma relevância, muito usados no período da instauração da República, sobretudo pela classe média brasileira. (N.E.)

nito vê. Onde para o cérebro de ver, outorgou-
-lhe o Senhor que ainda veja; e não se sabe até
onde. Até onde chegam as vibrações do senti-
mento, até onde se perdem os surtos da poesia,
até onde se somem os voos da crença: até Deus
mesmo, inviso como os panoramas íntimos do
coração, mas presente ao céu e à terra, a todos
nós presentes, enquanto nos palpite, incorrup-
to, no seio, o músculo da vida e da nobreza e da
bondade humana.

Quando ele já não estende o raio visual pelo
horizonte do invisível, quando sua visão tem por
limite a do nervo ótico, é que o coração, já es-
clerótico ou degenerescente, e saturado nos re-
síduos de uma vida gasta no mal, apenas oscila
mecanicamente no interior do arcabouço, como
pêndula de relógio abandonado, que agita, com
as derradeiras pancadas, os vermes e a poeira da
caixa. Dele se retirou a centelha divina. Até ontem lhe banhava ela de luz todo esse espaço, que
nos distancia do incomensurável desconhecido,
e lançava entre este e nós uma ponte de astros.
Agora, apagados esses luzeiros, que o inunda-
vam de radiosa claridade, lá se foram, com o
extinto cintilar das estrelas, as entreabertas do

dia eterno, deixando-nos, tão somente, entre o longínquo mistério daquele termo e o aniquilamento da nossa miséria desamparada, as trevas de outro éter, como esse que se diz encher de escuridão o vago mistério do espaço. Entre vós, porém, moços, que me estais escutando, ainda brilha em toda a sua rutilância o clarão da lâmpada sagrada, ainda arde em toda a sua energia o centro de calor, a que se aquece a essência d'alma. Vosso coração, pois, ainda estará incontaminado; e Deus assim o preserve. Metei a mão no seio, e aí o sentireis com a sua segunda vista. Desta, sobretudo, é que ele nutre sua vida agitada e criadora. Pois não sabemos que, com os antepassados, vive ele da memória, do luto e da saudade? E tudo é viver no pretérito. Não sentimos como, com os nossos conviventes, se alimenta ele na comunhão dos sentimentos e índoles, das ideias e aspirações? E tudo é viver num mundo em que estamos sempre fora deste, pelo amor, pela abnegação, pelo sacrifício, pela caridade. Não nos será claro que, com os nossos descendentes e sobreviventes, com os nossos sucessores e pósteros, vive ele de fé, esperança e sonho? Ora, tudo é viver, previvendo; é existir, preexistindo; é ver, prevendo. E, assim, está o coração, cada ano, cada dia, cada hora, sempre alimentado em contemplar o que não vê, por ter em dote dos céus a preexcelência de ver, ouvir e palpar o que os olhos não divisam, os ouvidos não escutam, e o tato não sente.

Para o coração, pois, não há passado, nem futuro, nem ausência. Ausência, pretérito e porvir, tudo lhe é atualidade, tudo presença. Mas presença animada e vivente, palpitante e criadora, nesse regaço interior, onde os mortos renascem, prenascem os vindouros, e os distanciados se ajuntam ao influxo de um talismã, pelo qual, nesse mágico microcosmo de maravilhas, encerrado na breve arca de um peito humano, cabe, em evocações de cada instante, a humanidade toda e a mesma eternidade.

A maior de quantas distâncias logre a imaginação conceber é a da morte; e nem esta separa entre si os que a terrível apartadora de homens arrebatou aos braços uns dos outros. Quantas vezes não entrevemos, nesse fundo obscuro e remotíssimo, uma imagem cara? Quantas vezes não a vemos assomar nos longes da saudade, sorridente, ou melancólica, alvoroçada, ou inquieta, severa, ou carinhosa, trazendo-nos o bálsamo, ou o conselho, a promessa, ou o desengano, a recompensa, ou o castigo, o aviso da fatalidade, ou os preságios de bom agouro? Quantas não nos vem conversar, afável e tranquila, ou pressurosa e sobressaltada, com o afago nas mãos, a doçura na boca, a meiguice no semblante, o pensamento na fonte, límpida, ou carregada, e lhe saímos do contato, ora seguros e robustecidos, ora transidos de cuidado e pesadume, ora cheios de novas inspirações, e cismando, para a vida, novos rumos? Quantas outras, não somos nós os que vamos chamar esses leais companheiros de além-mundo, e com eles renovar a prática interrompida, ou instar com eles por um alvitre, em vão buscado, uma palavra, um movimento do rosto, um gesto, uma réstia de luz, um traço do que por lá se sabe, e aqui se ignora?

Se não há, pois, abismo entre duas épocas, nem mesmo a voragem final desta à outra vida, que não transponha a mútua atração de duas almas, não pode haver, na mesquinha superfície do globo terrestre, espaços que não vença, com os instantâneos de presteza das vibrações luminosas, esse fluido incomparável, por onde se realiza, na esfera das comunicações morais, a maravilha da fotografia a distância no mundo positivo da indústria moderna.

Tampouco medeia do Rio a São Paulo! Por que não conseguiremos enxergar de um a outro cabo, em linha tão curta? Tentemos. Vejamos. Estendamos as mãos, entre os dois pontos que a limitam. Deste àquele já se estabeleceu a corrente. Rápida, como o pensamento, corre a emanação magnética desta extremidade à oposta. Já num aperto se confundiram as mãos, que se procuravam. Já, num amplexo de todos, nos abraçamos uns aos outros. Em São Paulo estamos. Conversemos, amigos, de presença a presença.

Entrelaçando a colação do vosso grau com a comemoração jubilar da minha, e dando-me a honra de vos ser eu paraninfo, urdis, desta maneira, no ingresso à carreira que adotastes, um como vínculo sagrado entre a vossa existência intelectual, que se enceta, e a do vosso padrinho em letras, que se acerca do seu termo. Do ocaso de uma surde o arrebol da outra.

Mercê, porém, de circunstâncias inopinadas, com o encerro do meu meio século de trabalho na jurisprudência se ajusta o remate dos meus cinquenta anos de serviços à nação.

Já o jurista começava a olhar com os primeiros toques de saudade para o instrumento que, há dez lustros, lhe vibra entre os dedos, lidando pelo direito, quando a consciência lhe mandou que despisse as modestas armas da sua luta, provadamente inútil, pela grandeza da pátria e suas liberdades, no parlamento.

Essa remoção da metade total de um século de vida laboriosa para o desentulho do tempo não podia consumar sem abalo sensível numa existência repentinamente decepada. Mas a comoção foi salutar; porque o espírito encontrou logo seu equilíbrio na convicção de que, afinal, me chegava eu a conhecer a mim mesmo, reconhecendo a escassez de minhas reservas de energia, para acomodar o ambiente da época às minhas ideias de reconciliação da política nacional com o regime republicano.

Era presunção, era temeridade, era inconsciência insistir na insana pretensão da minha fraqueza. Só um predestinado poderia arrostar empresa tamanha. Desde 1892 me empenhava eu em lutar com esses mares e ventos. Não os venci. Venceram-me eles a mim. Era natural. Deus nos dá sempre mais do que merecemos. Já não me era pouco a graça (pela qual erguia as mãos ao céu) de abrir os olhos à realidade evidente da minha impotência, e poder recolher as velas, navegante desenganado, antes que o naufrágio me arrancasse das mãos a bandeira sagrada.

Tenho o consolo de haver dado a meu país tudo o que me estava ao alcance: a desambição, a pureza, a sinceridade, os excessos de atividade incansável, com que, desde os bancos acadêmicos, o servi, e o tenho servido até hoje.

Por isso me saí da longa odisseia sem créditos de Ulisses. Mas, se o não soube imitar nas artes medrançosas de político fértil em meios e manhas, em compensação tudo envidei por inculcar ao povo os costumes da liberdade e à república as leis do bom governo, que prosperam os Estados, moralizam as sociedades e honram as nações.

Preguei, demonstrei, honrei a verdade eleitoral, a verdade constitucional, a verdade republicana. Pobres clientes estas, entre nós, sem armas, nem ouro, nem consideração, mal achavam, em uma nacionalidade esmorecida e indiferente, nos títulos rotos do seu direito, com que habilitar o mísero advogado a sustentar-lhes com alma, com dignidade, com sobrançaria, as desprezadas reivindicações. As três verdades não podiam alcançar melhor sentença no tribunal da corrupção política do que o Deus vivo no de Pilatos.

Quem por uma causa destas combateu, abraçado com ela, em vinte e oito anos da sua Via Dolorosa, não se pode ter habituado a maldizer, senão a perdoar, nem a descrer, senão a esperar. Descrer da cegueira humana, sim; mas da Providência, fatal nas suas soluções, bem que (ao parecer) tarda nos seus passos, isso nunca.

Assim que a bênção do paraninfo não traz fel. Não lhe encontrareis no fundo nem rancor, nem azedume, nem despeito. Os maus só lhe inspiram tristeza e piedade. Só o mal é o que o inflama em ódio. Porque o ódio ao mal é amor do bem, e a ira contra o mal, entusiasmo divino. Vede Jesus despejando os vendilhões do tempo, ou Jesus provando a esponja amarga no Gólgota. Não são o mesmo Cristo, esse ensanguentado Jesus do Calvário e aqueloutro, o Jesus iroso, o Jesus armado, o Jesus do látego inexorável? Não serão um só Jesus, o que morre pelos bons, e o que açoita os maus?

O padre Manuel Bernardes pregava, numa das suas *Silvas:*

"Bem pode haver ira, sem haver pecado: *Irascimini, et nolite peccare.*[2] E às vezes poderá haver pecado, se não houver ira; porquanto a paciência, e silêncio, fomenta a negligência dos maus, e tenta a perseverança dos bons. *Qui cum causa non irascitur, peccat* (diz um padre) *patientia enim irrationabilis vitia seminat, negligentiam nutrit, et non solum malos, sed etiam bonos invitat ad malum.*[3] Nem o irar-se nesses termos é contra a mansidão, porque essa virtude compreende dois atos: um é reprimir a ira, quando é desordenada; outro excitá-la, quando convém. A ira se compara ao cão, que ao ladrão ladra, ao senhor festeja,

---

2. "Irai-vos, mas não pequeis". *Livro dos Salmos*, 4:4. (N.E.)
3. "Quem à toa se ira, peca, pois a paciência irracional semeia vícios, alimenta a negligência e excita ao mal não apenas os maus, quando não os bons." São Tomás de Aquino. *Suma Teológica, Secunda secundae*, Q158, A5. (N.E.)

ao hóspede nem festeja, nem ladra; e sempre faz o seu ofício. E assim quem se agasta nas ocasiões, e contra as pessoas, que convém agastar-se, bem pode, com tudo isso, ser verdadeiramente manso. *Qui igitur* (disse o Filósofo) *ad quae oportet, et quibus oportet, irascitur, laudatur, esseque is mansuetus potest*[4].

Nem toda ira, pois, é maldade; porque a ira, se, as mais das vezes, rebenta agressiva e daninha, muitas outras, oportuna e necessária, constitui o específico da cura. Ora deriva da tentação infernal, ora de inspiração religiosa. Comumente se acende em sentimentos desumanos e paixões cruéis; mas não raro flameja do amor santo e da verdadeira caridade. Quando um braveja contra o bem, que não entende, ou que o contraria, é ódio iroso, ou ira odienta. Quando verbera o escândalo, a brutalidade, ou o orgulho, não é agrestia rude, mas exaltação virtuosa; não é soberba, que explode, mas indignação que ilu-

---

4. "Louva-se, pois, aquele que se ira com o que é oportuno, e com quem é oportuno; esse pode manter-se em mansidão." Manuel Bernardes (Pe.). *Luz e Calor*, 1696, p. 271-2, § XVIII.

mina; não é raiva desaçaimada, mas correção fraterna. Então, não somente não peca o que se irar, mas pecará não se irando. Cólera será; mas cólera da mansuetude, cólera da justiça, cólera que reflete a de Deus, face também celeste do amor, da misericórdia e da santidade. Dela esfuzilam centelhas, em que se abrasa, por vezes, o apóstolo, o sacerdote, o pai, o amigo, o orador, o magistrado. Essas faúlhas da substância divina atravessam o púlpito, a cátedra, a tribuna, o rosto, a imprensa, quando se debatem, ante o país, ou o mundo, as grandes causas humanas, as grandes causas nacionais, as grandes causas populares, as grandes causas sociais, as grandes causas da consciência religiosa. Então a palavra se eletriza, brame, lampeja, atroa, fulmina. Descargas sobre descargas rasgam o ar, incendeiam o horizonte, cruzam em raios o espaço. É a hora das responsabilidades, a hora da conta e do castigo, a hora das apóstrofes, imprecações e anátemas, quando a voz do homem reboa como o canhão, a arena dos combates da eloquência estremece como campo de batalha, e as siderações da verdade, que estala sobre as cabeças dos culpados, revolvem o chão, coberto de vítimas e destroços incruentos, com abalos de terremoto. Ei-la aí a cólera santa! Eis a ira divina! Quem, senão ela, há de expulsar do templo o renegado, o blasfemo, o profanador, o simoníaco? Quem, senão ela, exterminar da ciência o apedeuta, o plagiário, o charlatão? Quem, senão ela, banir da sociedade o imoral, o corruptor, o libertino? Quem, senão ela, varrer dos serviços do Estado o prevaricador, o concussionário e o ladrão público? Quem, senão ela, precipitar do governo o negocismo, a prostituição política, ou a tirania? Quem, senão ela, arrancar a defesa da pátria à covardia, à inconfidência ou à traição? Quem, senão ela, ela a cólera do celeste inimigo dos vendilhões e dos hipócritas? A cólera do Verbo da verdade, negado pelo poder da mentira? A cólera da santidade suprema, justiçada pela mais sacrílega das opressões?

    Todos os que nos dessedentamos nessa fonte, os que nos saciamos desse pão, os que adoramos esse ideal, nela vamos buscar a chama incorruptível. É dela que, ao espetáculo ímpiodo mal tripudiante sobre os reveses do bem, rebenta em labaredas a indignação, golfa a cólera em borbotões das fráguas da consciência, e a palavra sai, rechinando, esbraseando, chispando como o metal candente dos seios da fornalha. Esse metal nobre, porém, na incandescência da sua ebulição, não deixa escória. Pode crestar os lábios que atravessa. Poderá inflamar por momentos o irritado coração de onde jorra. Mas não o degenera, não o macula, não o resseca, não o caleja, não o endurece; e, no fundo, são da urna onde tumultuavam essas procelas e donde borbotam essas erupções, não assenta um rancor, uma inimizade, uma vingança. As reações da luta cessam, e fica, de envolta com o aborrecimento ao mal, o relevamento dos males padecidos.

Nest'alma, tantas vezes ferida e traspassada tantas vezes, nem de agressões, nem de infamações, nem de preterições, nem de ingratidões, nem de perseguições, nem de traições, nem de expatriações perdura o menor rasto, a menor ideia de revindita. Deus me é testemunha de que tudo tenho perdoado. E, quando lhe digo, na oração dominical: "Perdoai-nos, Senhor, as nossas dívidas, assim como nós perdoamos aos nossos devedores", julgo não lhe estar mentindo;

e a consciência me atesta que, até onde alcance a imperfeição humana, tenho conseguido, e consigo todos os dias, obedecer ao sublime mandamento. Assim me perdoem, também, os a quem tenho agravado, os com quem houver sido injusto, violento, intolerante, maligno ou descaridoso. Estou-vos abrindo o livro da minha vida. Se não me quiserdes aceitar como expressão fiel da realidade esta versão rigorosa de uma das suas páginas, com que mais me consolo, recebei-a, ao menos, como ato de fé, ou como conselho de pai a filhos, quando não como o testamento de uma carreira, que poderá ter discrepado, muitas vezes, do bem, mas sempre o evangelizou com entusiasmo, o procurou com fervor, e o adorou com sinceridade.

Desde que o tempo começou, lento, a me decantar o espírito do sedimento das paixões, com que o verdor dos anos e o amargor das lutas o enturbavam, entrando eu a considerar com filosofia nas leis da natureza humana, fui sentindo quanto esta necessita da contradição, como a lima dos sofrimentos a melhora, a que ponto o acerbo das provações a expurga, a tempera, a nobilita, a regenera. Então vim a perceber vivamente que imensa dívida cada criatura da nossa espécie deve aos seus inimigos e desfortunas. Por mais desagrestes que sejam os contratempos da sorte e as maldades dos homens, raro nos causam mal tamanho, que nos não façam ainda maior bem. Ai de nós, se esta purificação gradual, que nos deparam as vicissitudes cruéis da existência, não encontrasse a colaboração providencial da fortuna adversa e dos nossos desafetos. Ninguém mete em conta o serviço contínuo, de que lhes está em obrigação.

Diríeis até que, mandando-nos amar aos nossos inimigos, em boa parte nos quis o divino legislador entremostrar o muito, de que eles nos são credores. A caridade com os que nos malquerem, e os que nos malfazem, não é, em bem larga escala, senão pago dos benefícios, que, mal a seu grado, mas muito deveras, eles nos granjeiam.

Destarte, não equivocaremos a aparência com a realidade, se, nos dissabores que malquerentes e malfazentes nos propinam, discernirmos a quota de lucro, com que eles, não levando em tal o sentido, quase sempre nos favorecem.

Quanto é pela minha parte, o melhor do que sou, bem assim o melhor do que me acontece, frequentemente acaba o tempo convencendo-me de que não me vem das doçuras da fortuna propícia, ou da verdadeira amizade, senão sim que o devo, principalmente, às maquinações dos malévolos e às contradições da sorte madrasta. Que seria, hoje, de mim, se o veto dos meus adversários, sistemático e pertinaz, não me houvesse poupado aos tremendos riscos dessas alturas, "alturas de Satanás", como as de que fala o Apocalipse, em que tantos se têm perdido, mas a que tantas vezes me tem tentado exalçar o voto dos meus amigos? Amigos e inimigos estão, amiúde, em posições trocadas. Uns nos querem mal, e fazem-nos bem. Outros nos almejam o bem, e nos trazem o mal.

Não poucas vezes, pois, razão é lastimar o zelo dos amigos, e agradecer a malevolência dos opositores. Estes nos salvam, quando aqueles nos extraviam. De sorte que, no perdoar aos inimigos, muita vez não vai somente caridade cristã, senão também justiça ordinária e reconhecimento humano. E, ainda quando, aos olhos do mundo, como aos do nosso juízo descaminhado, tenham logrado a nossa desgraça, bem pode ser que, aos olhos da filosofia, aos da crença e aos da verdade suprema, não nos hajam contribuído senão para a felicidade.

Estes, senhores, será um saber vulgar, um saber rasteiro, "um saber só de experiência feito". Não é o saber da ciência, que se libra[5] acima das nuvens, e alteia o voo soberbo, além das regiões siderais, até aos páramos indevassáveis do infinito. Mas, ainda assim, este saber fácil mereceu a Camões o ter a sua legenda insculpida em versos imortais; quanto mais a nós outros, *bichos da terra tão pequenos,* a ninharia de ocupar divagações, como estas, de um dia, folhas de árvore morta, que, talvez, não vinguem ao de amanhã.

Da ciência estamos aqui numa catedral. Não cabia em um velho catecúmeno vir ensinar a religião aos seus bispos e pontífices, nem aos que agora nela recebem as ordens do seu sacerdócio. E hoje é féria, ensejo para tréguas ao trabalho ordinário, quase dia santo. Labutastes a semana toda, o vosso curso de cinco anos,

---

5. *Que se libra*: que se equilibra sobre, que paira sobre. (N.E.)

com teorias, hipóteses e sistemas, com princípios, teses e demonstrações, com leis, códigos e jurisprudências, com expositores, intérpretes e escolas. Chegou o momento de vos assentardes, mão por mão, com os vossos sentimentos, de vos pordes à fala com a vossa consciência, de praticardes familiarmente com os vossos afetos, esperanças e propósitos.

Eis ao que vem o padrinho, o velho, o abendiçoador, carregado de anos e tradições, versado nas longas lições do tempo, mestre de humildade, arrependimento e desconfiança, nulo entre os grandes da inteligência, grande entre os experimentados na fraqueza humana. Que se feche, pois, alguns momentos, o livro da ciência; e folheemos juntos o da experiência. Desaliviemo-nos do saber humano, carga formidável, e voltemo-nos uma hora para este outro, leve, comezinho, desalinhado, conversável, seguro, sem altitudes, nem despenhadeiros.

Ninguém, senhores meus, que empreenda uma jornada extraordinária, primeiro que meta o pé na estrada, se esquecerá de entrar em conta com as suas forças, por saber se a levarão ao cabo. Mas, na grande viagem, na viagem de trânsito deste a outro mundo, não há *possa*, ou *não possa*, não há *querer*, ou *não querer*. A vida não tem mais que duas portas: uma de entrar, pelo nascimento; outra de sair, pela morte. Ninguém, cabendo-lhe a vez, se poderá furtar à entrada. Ninguém, desde que entrou, em lhe chegando o turno, se conseguirá evadir à saída. E, de um ao outro extremo, vai o caminho, longo, ou breve, ninguém o sabe, entre cujos termos fatais se debate o homem, pesaroso de que entrasse, receoso da hora em que saia, cativo de um e outro mistério que lhe confinam a passagem terrestre.

Não há nada mais trágico do que a fatalidade inexorável desse destino, cuja rapidez ainda lhe agrava a severidade.

Em tão breve trajeto cada um há de acabar a sua tarefa. Com que elementos? Com os que herdou, e os que cria. Aqueles são a parte da natureza. Estes, a do trabalho.

A parte da natureza varia ao infinito. Não há, no universo, duas coisas iguais. Muitas se parecem umas às outras. Mas todas entre si diversificam. Os ramos de uma só árvore, as folhas da mesma planta, os traços da polpa de um dedo humano, as gotas do mesmo fluido, os argueiros do mesmo pó, as raias do espectro de um só raio solar ou estelar. Tudo assim, desde os astros, no céu, até os micróbios no sangue, desde as nebulosas no espaço, até aos aljôfares do rocio[6] na relva dos prados.

A regra da igualdade não consiste senão em quinhoar desigualmente aos desiguais, na medida em que se desigualam. Nessa desigualdade social, proporcionada à desigualdade natural, é que se acha a verdadeira lei da igualdade. O mais são desvarios da inveja, do orgulho, ou da loucura. Tratar com desigualdade a iguais, ou a desiguais com igualdade, seria desigualdade flagrante, e não igualdade real. Os apetites humanos conceberam inverter a norma universal da criação, pretendendo, não dar a cada um, na razão do que vale, mas atribuir o mesmo a todos, como se todos se equivalessem.

Essa blasfêmia contra a razão e a fé, contra a civilização e a humanidade, é a filosofia da miséria, proclamada em nome dos direitos do trabalho; e, executada, não faria senão inaugurar, em

---
6. *Aljôfares do rocio*: gotas de orvalho. (N.E.)

vez da supremacia do trabalho, a organização da miséria.

Mas, se a sociedade não pode igualar os que a natureza criou desiguais, cada um, nos limites da sua energia moral, pode reagir sobre as desigualdades nativas, pela educação, atividade e perseverança. Tal a missão do trabalho.

Os portentos de que esta força é capaz, ninguém os calcula. Suas vitórias na reconstituição da criatura mal dotada só se comparam às da oração.

Oração e trabalho são os recursos mais poderosos na criação moral do homem. A oração é o íntimo sublimar-se d'alma pelo contato com Deus. O trabalho é o inteirar, o desenvolver, o apurar das energias do corpo e do espírito, mediante a ação contínua de cada um sobre si mesmo e sobre o mundo onde labutamos.

O indivíduo que trabalha acerca-se continuamente do autor de todas as coisas, tomando na sua obra uma parte, de que depende também a dele. O Criador começa, e a criatura acaba a criação de si própria.

Quem quer, pois, que trabalhe, está em oração ao Senhor. Oração pelos atos, ela emparelha com a oração pelo culto. Nem pode ser que uma ande verdadeiramente sem a outra. Não é trabalho digno de tal nome o do mau; porque a malícia do trabalhador o contamina. Não é oração aceitável a do ocioso; porque a ociosidade a dessagra. Mas, quando o trabalho se junta à oração, e a oração com o trabalho, a segunda criação do homem, a criação do homem pelo homem semelha, às vezes, em maravilhas, à criação do homem pelo divino Criador.

Ninguém desanime, pois, de que o berço lhe não fosse generoso, ninguém se creia malfadado, por lhe minguarem de nascença haveres e qualidades. Em tudo isso não há surpresas, que se não possam esperar da tenacidade e santidade no trabalho. Quem não conhece a história do padre Suárez, o autor do tratado *"Das Leis e de Deus Legislador" (De Legibus ac Deo Legislatore)*[7], monumento jurídico, a que os tre-

---

7. Francisco Suárez (Granada, 1548 – Lisboa, 1617) foi um jesuíta, teólogo, filósofo, jurista e pensador dos séculos XVI e XVII, destacando-se como uma das principais figuras do jusnaturalismo e do Direito Internacional da Idade Moderna. A obra a que se refere, *Tractatus de legibus ac Deo Legislatore*, foi publicada em Coimbra, em 1612. (N.E.)

zentos anos de sua idade ainda não gastaram o conceito de honra das letras castelhanas? De cinquenta aspirantes, que, em 1564, solicitavam, em Salamanca, ingresso à Companhia de Jesus, esse foi o único rejeitado, por curto de entendimento e revesso ao ensino. Admitido, todavia, a insistências suas, com a nota de *indiferente*,[8] embora primasse entre os mais aplicados, tudo lhe eram, no estudo, espessas trevas. Não avançava um passo. Afinal, por consenso de todos, passava por invencível a sua incapacidade. Confessou-a, por fim, ele mesmo, requerendo ao reitor, o célebre padre Martin Gutiérrez, que o escusasse da vida escolar, e o entregasse aos misteres corporais de irmão

---

8. Ruy Barbosa foi admitido na Faculdade de Direito do Largo de São Francisco com a graduação latina "*indiferente*", pois entendeu seu avaliador que nada de especial tinha o candidato. As graduações de admissão na Faculdade eram as seguintes: *admirandus, medietas, indiferente, non auspicatus*; respectivamente: aprovado com excelência (excelente), aprovado na média (médio), aprovado sem nada de especial, e reprovado. O professor que o avaliou, anos depois lhe pediu perdão. A Faculdade São Francisco, em homenagem póstuma, por ocasião de seu aniversário, em 1952, reabriu e mudou a ficha de aprovação de Ruy Barbosa para *admirandus*. (Fonte: Fundação Casa de Ruy Barbosa.) (N.E.)

coadjutor. Gutiérrez animou-o a orar, persistir, e esperar. De repente se lhe alagou de claridade a inteligência. Mergulhou-se, então, cada vez mais no estudo; e daí, com estupenda mudança, começa a deixar ver o a que era destinada aquela extraordinária cabeça, até esse tempo submersa em densa escuridade.

Já é mestre insigne, já encarna todo o saber da renascença teológica, em que brilham as letras de Espanha. Sucessivamente ilustra as cadeiras de filosofia, teologia e cânones nas mais famosas universidades europeias: em Segóvia, em Valhadolid, em Roma, em Alcalã, em Salamanca, em Ávila, em Coimbra. Nos seus setenta anos de vida, professa as ciências teológicas durante quarenta e sete, escreve cerca de duzentos volumes, e morre comparado com Santo Agostinho e S. Tomás, abaixo de quem houve quem o considerasse "o maior engenho, que tem tido a igreja"[9]; sendo tal a sua nomeada, ainda entre os protestantes, que deste jesuíta, como teólo-

---

9. Francisco Suárez (Pe.). *Tratado de las Leyes y de Dios Legislador*. Madri, 1918, tomo I, p. XXXVII.

go e filósofo, chegou a dizer Grocio que "apenas havia quem o igualasse".

Já vedes que ao trabalho nada é impossível. Dele não há extremos que não sejam de esperar. Com ele nada pode haver de que desesperar. Mas, do século XVI ao século XX, o que as ciências cresceram é incomensurável. Entre o currículo da teologia e filosofia no primeiro, e o programa de um curso jurídico, no segundo, a distância é infinita. Sobre os mestres, os sábios e os estudantes de agora pesam montanhas e montanhas mais de questões, problemas e estudos que quantos, há três ou quatro séculos, se abrangiam no saber humano.

O trabalho, pois, vos há de bater à porta dia e noite; e nunca vos negueis às suas visitas, se quereis honrar vossa vocação, e estais dispostos a cavar nos veios de vossa natureza, até dardes com os tesouros que aí vos haja reservado, com ânimo benigno, a dadivosa Providência. Ouvistes o aldrabar da mão oculta, que vos chama ao estudo? Abri, abri, sem detença. Nem por vir muito cedo, lho leveis a mal, lho tenhais à conta de importuna. Quanto mais matutinas essas interrupções do vosso dormir, mais lhas deveis agradecer. O amanhecer do trabalho há de antecipar-se ao amanhecer do dia. Não vos fieis muito de quem esperta já sol nascente, ou sol nado. Curtos se fizeram os dias para que nós os dobrássemos, madrugando. Experimentai, e vereis quanto vai do deitar tarde ao acordar cedo. Sobre a noite o cérebro pende ao sono. Antemanhã, tende a despertar.

Não invertais a economia do nosso organismo: não troqueis a noite pelo dia, dedicando este à cama, e aquela às distrações. O que se esperdiça para o trabalho com as noitadas inúteis não se lhe recobra com as manhãs de extemporâneo dormir, ou as tardes de cansado labutar. A ciência, zelosa do escasso tempo que nos deixa a vida, não dá lugar aos tresnoites libertinos. Nem a cabeça já exausta, ou estafada nos prazeres, tem onde caiba o inquirir, o revolver, o meditar do estudo.

Os próprios estudiosos desacertam, quando, iludidos por um hábito de inversão, antepõem o trabalho, que entra pela noite, ao que precede o dia. A natureza nos está mostrando com exemplos a verdade. Toda ela, nos viventes, ao anoitecer, inclina para o sono. A esta lição geral só abrem triste exceção os animais sinistros e os carniceiros. Mas, quando se avizinha o volver da luz, muito antes que ela arraie a natureza, e ainda primeiro que alvoreça no firmamento, já rompeu na terra em cânticos a alvorada, já se orquestram de harmonias e melodias campos e selvas, já o galo, não o galo triste do luar dos sertões do nosso Catulo, mas o galo festivo das madrugadas, retine ao longe a estridência dos seus clarins, vibrantes de jubilosa alegria.

Ouvi, no poema de Jó, a voz do Senhor, perguntando a seu servo, onde estava, quando o louvavam as estrelas da manhã: "*Ubi eras... cum me laudarent simul astra matutina?*".[10] E que têm mais as estrelas da manhã, dizia um grande escritor nosso, "que têm mais as estrelas da manhã que as da tarde, ou as da noite, para fazer Deus mais caso do louvor de umas que das outras? Não é ele o Senhor do tempo, que deve ser louvado a todo o tempo, não só da luz, senão

---

10. "Onde estavas... enquanto aclamavam em coro as estrelas da manhã?" *Livro de Jó*, 38:4-8. (N.E.)

também das trevas? Assim é: porém as estrelas da manhã têm esta vantagem que madrugam, antecipam-se, e despertam aos outros, que se levantem a servir a Deus. Pois disso é que Deus se honra, e agrada em presença de Jó".[11] Tomai exemplo, estudantes e doutores, tomai exemplo das estrelas da manhã, o gozareis das mesmas vantagens: não só a de levantardes mais cedo a Deus a oração do trabalho, mas a de antecederdes aos demais, logrando mais para vós mesmos, e estimulando os outros a que vos rivalizem no ganho bendito.
Há estudar, e estudar. Há trabalhar, e trabalhar. Desde que o mundo é mundo, se vem dizendo que o homem nasce para o trabalho: "*Homo nascitur ad laborem*".[12] Mas o trabalhar é como o semear, onde tudo vai muito das sazões, dos dias e das horas. O cérebro, cansado e seco do laborar diurno, não acolhe bem a semente, não a recebe fresco e de bom grado, como a terra orvalhada. Nem a colheita acode tão suave às

---
11. Manuel Bernardes (Pe.). *Sermões e Práticas*, 1762, parte I, p. 297.
12. "Mas o homem nasce para o trabalho." *Livro de Jó*, 5:7. (N.E.)

mãos do lavrador, quando o torrão já lhe não está sorrindo entre o sereno da noite e os alvores do dia.

Assim, todos sabem que para trabalhar nascemos. Mas muitos somos os que ignoramos certas condições, talvez as mais elementares, do trabalho, ou, pelo menos, muito poucos os que as praticamos. Quantos serão os que acreditem que os melhores trabalhadores sejam os melhores madrugadores? Que os mais estudiosos não sejam os que oferecem ao estudo os sobejos do dia, mas os que o honram com as primícias da manhã?

Dirão que tais trivialidades, cediças e corriqueiras, não são para ser contempladas num discurso acadêmico, nem para ser escutadas entre doutores, lentes e sábios. Cada um se avém como entende, e faz o que pode. Mas eu, nisto aqui, faço ainda o que devo. Porque, vindo pregar-vos experiência, cumpria que relevasse mais a que mais sobressai na minha estirada carreira de estudante.

Estudante sou. Nada mais. Mau sabedor, fraco jurista, mesquinho advogado, pouco mais sei do que saber estudar, saber como se estuda, e saber que tenho estudado. Nem isso mesmo sei se saberei bem. Mas, do que tenho logrado saber, o melhor devo às manhãs e madrugadas. Muitas lendas se têm inventado, por aí, sobre excessos da minha vida laboriosa. Deram, nos meus progressos intelectuais, larga parte ao uso em abuso do café e ao estímulo habitual dos pés mergulhados n'água fria. Contos de imaginadores. Refratário sou ao café. Nunca recorri a ele como a estimulante cerebral. Nem uma só vez na minha vida busquei num pedilúvio o espantalho do sono.

Ao que devo, sim, o mais dos frutos do meu trabalho, a relativa exabundância de sua fertilidade, a parte produtiva e durável da sua safra, é às minhas madrugadas. Menino ainda, assim que entrei ao colégio, alvidrei eu mesmo a conveniência desse costume, e daí avante o observei, sem cessar, toda a vida. Eduquei nele o meu cérebro, a ponto de espertar exatamente à hora, que comigo mesmo assentava, ao dormir. Sucedia, muito amiúde, encetar eu a minha solitária banca de estudo à uma ou às duas da antemanhã. Muitas vezes me mandava meu pai volver ao leito; e eu fazia apenas que lhe obedecia, tornando, logo após, àquelas amadas lucubrações, as de que me lembro com saudade mais deleitosa e entranhável.

Tenho, ainda hoje, convicção de que nessa observância persistente está o segredo feliz, não só das minhas primeiras vitórias no trabalho, mas de quantas vantagens alcancei jamais levar aos meus concorrentes, em todo o andar dos anos, até à velhice. Muito há que já não subtraio tanto às horas da cama para acrescentar às do estudo. Mas o sistema ainda perdura, bem que largamente cerceado nas antigas imoderações. Até agora, nunca o sol deu comigo deitado, e, ainda hoje, um dos meus raros e modestos desvanecimentos é o de ser grande madrugador, madrugador impenitente.

Mas, senhores, os que madrugam no ler convém madrugarem também no pensar. Vulgar é o ler, raro o refletir. O saber não está na ciência alheia, que se absorve, mas, principalmente, nas ideias próprias, que se geram dos conhecimentos absorvidos, mediante a transmutação por que passam, no espírito que os assimila. Um sabedor não é armário de sabedoria armazenada, mas transformador reflexivo de aquisições digeridas.

Já se vê quanto vai do saber aparente ao saber real. O saber de aparência crê e ostenta saber tudo. O saber de realidade, quanto mais real, mais desconfia, assim, do que vai apreendendo, como do que elabora.

Haveis de conhecer, como eu conheço, países, onde quanto menos ciência se apurar, mais sábios florescem. Há, sim, dessas regiões, por este mundo além. Um homem (nessas terras de promissão) que nunca se mostrou lido ou sabido em coisa nenhuma, tido e havido é por corrente e moente no que quer que seja; porque assim o aclamam as trombetas da política, do elogio mútuo, ou dos corrilhos pessoais, e o povo subscreve a néscia atoarda. Financeiro, administrador, estadista, chefe de Estado, ou qualquer outro lugar de ingente situação e assustadoras responsabilidades, é, a pedir de boca, o que se diz mão de pronto desempenho, fórmula viva a quaisquer dificuldades, chave de todos os enigmas.

Tenham por averiguado que, onde quer que o colocarem, dará conta o sujeito das mais árduas empresas e solução aos mais emaranhados problemas. Se em nada se aparelhou, está em tudo e para tudo aparelhado. Ninguém vos saberá informar por quê. Mas todo o mundo vo-lo dará por líquido e certo. Não aprendeu nada, e sabe tudo. Ler, não leu. Escrever, não escreveu. Ruminar, não ruminou. Produzir, não produziu. É um improviso onisciente, o fenômeno de que poetava Dante: "*In picciol tempo gran dottor si feo*".[13]

A esses homens-panaceias, a esses empreiteiros de todas as empreitadas, a esses aviadores de todas as encomendas, se escancelam os portões da fama, do poderio, da grandeza, e, não contentes de lhes aplaudir entre os da terra a nulidade, ainda, quando Deus quer, a mandam expor à admiração do estrangeiro.

Pelo contrário, os que se tem por notório e incontestável excederem o nível da instrução ordinária, esses para nada servem. Por quê? Porque "sabem demais". Sustenta-se aí que a competência reside, justamente, na incompetência. Vai-se, até, ao incrível de se inculcar "medo aos preparados", de havê-los como cidadãos pe-

---

13. "Em pouco tempo grande doutor se fez." Dante Alighieri. *Divina Comédia*, Paradiso, XII, 85. (N.E.)

rigosos, e ter-se por dogma que um homem, cujos estudos passarem da craveira vulgar, não poderia ocupar qualquer posto mais grado no governo, em país de analfabetos. Se o povo é analfabeto, só ignorantes estarão em termos de o governar. Nação de analfabetos, governo de analfabetos. É o que eles, muita vez às escâncaras, e em letra redonda, por aí dizem.

Sócrates, certo dia, numa das suas conversações, que *O Primeiro Alcibíades*[14] nos deixa escutar ainda hoje, dava grande lição de modéstia ao interlocutor, dizendo-lhe, com a costumada lhaneza: "A pior espécie de ignorância é cuidar uma pessoa saber o que não sabe... Tal, meu caro Alcibíades, o teu caso. Entraste pela política, antes de a teres estudado. E não és tu só o que te vejas nessa condição: é esta mesma a da maior parte dos que se metem nos negócios da república. Apenas excetuo exíguo número, e pode ser que, unicamente, a Péricles, teu tutor; porque tem cursado os filósofos.".

---

14. Refere-se ao *"Discurso de Alcibíades"*, descrito em *O Banquete,* de Platão (obra disponível em *Clássicos Edipro*). (N.E.)

Vede agora os que intentais exercitar-vos na ciência das leis, e vir a ser seus intérpretes, se de tal jeito é que conceberíeis sabê-las, e executá-las. Desse jeito; isto é: como as entendiam os políticos da Grécia, pintada pelo mestre de Platão.

Uma vez que Alcibíades discutia com Péricles, em palestra registrada por Xenofonte, acertou de se debater o que seja *lei,* e quando exista, ou não exista.

— Que vem a ser *lei?* – indaga Alcibíades.

— A expressão da vontade do povo – responde Péricles.

— Mas que é o que determina esse povo? O bem, ou o mal? – replica-lhe o sobrinho.

— Certo que o bem, mancebo.

— Mas, sendo uma oligarquia quem mande, isto é, um diminuto número de homens, serão, ainda assim, respeitáveis *as leis?*

— Sem dúvida.

— Mas, se a disposição vier de um tirano? Se ocorrer violência, ou ilegalidade? Se o poderoso coagir o fraco? Cumprirá, todavia, obedecer?

Péricles hesita; mas acaba admitindo:

— Creio que sim.

— Mas então – insiste Alcibíades – o tirano, que constrange os cidadãos a lhe acatarem os caprichos, não será, esse sim, o inimigo das *leis*?[15]

— Sim; vejo agora que errei em chamar *leis* às ordens de um tirano, costumado a mandar, sem persuadir.

— Mas, quando um diminuto número de cidadãos impõe seus arbítrios à multidão, daremos, ou não, a isso o nome de violência?

— Parece-me a mim – concede Péricles, cada vez mais vacilante – que, em caso tal, é de violência que se trata, não de *lei*.

Admitido isso, já Alcibíades triunfa:

— Logo, quando a multidão, governando, obrigar os ricos, sem consenso destes, não será, também, violência, e não *lei*?

Péricles não acha que responder; e a própria razão não o acharia. Não é *lei* a lei senão quando assenta no consentimento da maioria, já que, exi-

---

15. Ruy Barbosa empregou "lei", aqui em destaque, no sentido original do "Discurso de Alcibíades", cujo significado, à época, era: "limitação escrita e garantida ao poder do tirano em prol do povo"; e não no sentido moderno. (N.E.)

gido o de todos, *desiderandum*[16] irrealizável, não haveria meio jamais de se chegar a uma lei.

Ora, senhores bacharelandos, pesai bem que vos ides consagrar à *lei* num país onde a lei absolutamente não exprime o consentimento da *maioria,* onde são as minorias, as oligarquias mais acanhadas, mais impopulares e menos respeitáveis, as que põem, e dispõem, as que mandam, e desmandam em tudo; a saber: num país onde, verdadeiramente, *não há lei,* não há moral, política ou juridicamente falando.

Considerai, pois, nas dificuldades, em que se vão enlear os que professam a missão de sustentáculos e auxiliares da *lei,* seus mestres e executores.

É verdade que a execução corrige, ou atenua, muitas vezes, a legislação de má nota. Mas, no Brasil, a *lei* se deslegitima, anula e torna *inexistente,* não só pela bastardia da origem, senão ainda pelos horrores da aplicação.

---

16. *Desiderandum*: preferindo esta forma latina à usual *desideratum* (já aportuguesada como "desiderato"), terá Ruy Barbosa desejado emprestar ao termo o caráter de necessidade, contido no sufixo -nd-. Assim, *desiderandum* corresponderia a "o idealmente desejável". (N.E.)

Ora, dizia S. Paulo que boa é a lei, onde se executa legitimamente. *Bona est lex, si quis ea legitime utatur.*[17] Quereria dizer: boa é a lei quando executada com retidão. Isto é: boa será em havendo no executor a virtude que no legislador não havia. Porque só a moderação, a inteireza e a equidade, no aplicar das más leis, as poderiam, em certa medida, escoimar da impureza, dureza e maldade, que encerrarem. Ou, mais lisa e claramente, se bem o entendo, pretenderia significar o apóstolo das gentes que mais vale a lei má, quando *inexecutada,* ou *mal executada* (para o bem), que a boa lei sofismada e não observada (contra ele).

Que extraordinário, que imensurável, que, por assim dizer, estupendo e sobre-humano, logo, não será, em tais condições, o papel da justiça! Maior que o da própria legislação. Porque, se dignos são os juízes, como parte suprema, que constituem, no executar das leis, — em sendo justas, lhes manterão eles a sua justiça, e, injustas, lhes poderão moderar, se não, até, no seu tanto, corrigir a injustiça.

---

17. "Sabemos que a Lei é boa, contanto que usemos dela como se deve." *Primeira Carta de São Paulo a Timóteo,* 1:8. (N.E.)

De nada aproveitam leis, bem se sabe, não existindo quem as ampare contra os abusos; e o amparo sobre todos essencial é o de uma justiça tão alta no seu poder, quanto na sua missão. "Aí temos as leis", dizia o Florentino. "Mas quem lhes há de ter mão? Ninguém."
"*Le leggi son, ma chi pon mano ad esse? Nullo.*"[18]
Entre nós não seria lícito responder assim tão em absoluto à interrogação do poeta. Na constituição brasileira, a mão que ele não via na sua república e em sua época, a mão sustentadora das leis, aí a temos, hoje, criada, e tão grande, que nada lhe iguala a majestade, nada lhe rivaliza o poder. Entre as leis, é a justiça quem decide, fulminando aquelas, quando com esta colidirem.

Soberania tamanha só nas federações de molde norte-americano cabe ao poder judiciário, subordinado aos outros poderes nas demais formas de governo, mas, nesta, superior a todos.

---

18. "Aí temos as leis, mas quem lhes há de ter mão? Ninguém." Querendo dizer que as leis existem, mas quem as executa? Ninguém. Dante Alighieri. *Divina Comédia*, Purgatório, XVI, 97-98. (N.E.)

Dessas democracias, pois, o eixo é a justiça, eixo não abstrato, não supositício, não meramente moral, mas de uma realidade profunda, e tão seriamente implantado no mecanismo do regime, tão praticamente embebido através de todas as suas peças, que, falseando ele ao seu mister, todo o sistema cairá em paralisia, desordem e subversão. Os poderes constitucionais entrarão em conflitos insolúveis, as franquias constitucionais ruirão por terra, e da organização constitucional, do seu caráter, das suas funções, de suas garantias apenas restarão destroços.

Eis o de que nos há de preservar a justiça brasileira, se a deixarem sobreviver, ainda que agredida, oscilante e mal segura, aos outros elementos constitutivos da república, no meio das ruínas, em que mal se conservam ligeiros traços da sua verdade.

Ora, senhores, esse poder eminencialmente necessário, vital e salvador tem os dois braços, nos quais aguenta a lei, em duas instituições: a magistratura e a advocacia, tão velhas como a sociedade humana, mas elevadas ao cem-dobro,[19]

---

19. *Cem-dobrar*: centuplicar, expressão atualmente não usual. (N.E.)

na vida constitucional do Brasil, pela estupenda importância que o novo regime veio dar à justiça.

Meus amigos, é para colaborardes em dar existência a essas duas instituições que hoje saís daqui habilitados. Magistrados ou advogados sereis. São duas carreiras quase sagradas, inseparáveis uma da outra, e, tanto uma como a outra, imensas nas dificuldades, responsabilidades e utilidades.

Se cada um de vós meter bem a mão na consciência, certo que tremerá da perspectiva. O tremer próprio é dos que se defrontam com as grandes vocações, e são talhados para as desempenhar. O tremer, mas não o descorçoar. O tremer, mas não o renunciar. O tremer, com o ousar. O tremer, com o empreender. O tremer, com o confiar. Confiai, senhores. Ousai. Reagi. E haveis de ser bem sucedidos. Deus, pátria, e trabalho. Metei no regaço essas três fés, esses três amores, esses três signos santos. E segui, com o coração puro. Não hajais medo a que a sorte vos ludibrie. Mais pode que os seus azares a constância, a coragem, e a virtude.

Idealismo? Não: experiência da vida. Não há forças, que mais a senhoreiem, do que essas.

Experimentai-o, como eu o tenho experimentado. Poderá ser que resigneis certas situações, como eu as tenho resignado. Mas meramente para variar de posto, e, em vos sentindo incapazes de uns, buscar outros, onde vos venha ao encontro o dever, que a Providência vos havia reservado.

Encarai, jovens colegas meus, nessas duas estradas, que se vos patenteiam. Tomai a que vos indicarem vossos pressentimentos, gostos e explorações, no campo dessas nobres disciplinas, com que lida a ciência das leis e a distribuição da justiça. Abraçai a que vos sentirdes indicada pelo conhecimento de vós mesmos. Mas não primeiro que hajais buscado na experiência de outrem um pouco da que vos é mister, e que ainda não tendes, para eleger a melhor derrota, entre as duas que se oferecem à carta de idoneidade, hoje obtida.

Pelo que me toca, escassamente avalio até onde, nisso, vos poderia eu ser útil. Muito vi em cinquenta anos. Mas o que constitui a experiência consiste menos no ver que no saber observar. Observar com clareza, com desinteresse, com seleção. Observar, deduzindo, induzindo, e generalizando, com pausa, com critério, com desconfiança. Observar, apurando, contrasteando, e guardando.

Que espécie de observador seja eu, não vo-
-lo poderia dizer. Mas, seguro, ou não, no ave-
riguar e discernir, — de uma qualidade, ao menos, me posso abonar a mim mesmo: a de exato
e consciencioso no expender e narrar.

Como me dilataria, porém, numa ou noutra
coisa, quando tão longamente, aqui, já me tenho
excedido em abusar de vós e de mim mesmo?

Não recontarei, pois, senhores, a minha experiência, e muito menos tentarei explaná-la.
Cingir-me-ei, estritamente, a falar-vos como fa-
laria a mim próprio, se vós estivésseis em mim,
sabendo o que tenho experimentado, e eu me
achasse em vós, tendo que resolver essa escolha.

Todo pai é conselheiro natural. Todos os
pais aconselham, se bem que nem todos possam
jurar pelo valor dos seus conselhos. Os meus serão os a que me julgo obrigado, na situação em
que momentaneamente estou, pelo vosso arbí-
trio, de pai espiritual dos meus afilhados em letras, nesta solenidade.

É à magistratura que vos ides votar?

Elegeis, então, a mais eminente das profissões,
a que um homem se pode entregar neste mundo. Essa elevação me impressiona seriamente; de

modo que não sei se a comoção me não atalhará o juízo, ou tolherá o discurso. Mas não se dirá que, em boa vontade, fiquei aquém dos meus deveres.

Serão, talvez, meras vulgaridades, tão singelas, quão sabidas, mas onde o senso comum, a moral e o direito, associando-se à experiência, lhe nobilitam os ditames. Vulgaridades, que qualquer outro orador se avantajaria em esmaltar de melhor linguagem, mas que, na ocasião, a mim tocam, e no meu ensoado vernáculo hão de ser ditas. Baste, porém, que se digam com isenção, com firmeza, com lealdade; e assim hão de ser ditas, hoje, desta nobre tribuna.

Moços, se vos ides medir com o direito e o crime na cadeira de juízes, começai esquadrinhando as exigências aparentemente menos altas dos vossos cargos, e proponde-vos caprichar nelas com dobrado rigor; porque, para sermos fiéis no muito, o devemos ser no pouco.

"*Qui fidelis est in minimo, et in majori fidel est; et qui in módico iniquus est, et in majori iniquus est*".[20]

---

20. "Quem é fiel nas pequenas coisas será fiel também nas grandes, e quem é injusto nas pequenas será injusto também nas grandes." *Lucas*, 16:10. (N.E.)

Ponho exemplo, senhores. Nada se leva em menos conta, na judicatura, a uma boa fé de ofício que o vezo de tardança nos despachos e sentenças. Os códigos se cansam debalde em o punir. Mas a geral habitualidade e a conivência geral o entretém, inocentam e universalizam. Destarte se incrementa e demanda ele em proporções incalculáveis, chegando as causas a contar a idade por lustros, ou décadas, em vez de anos. Mas justiça atrasada não é justiça, senão injustiça qualificada e manifesta. Porque a dilação ilegal nas mãos do julgador contraria o direito escrito das partes, e, assim, as lesa no patrimônio, honra e liberdade. Os juízes tardinheiros são culpados, que a lassidão comum vai tolerando. Mas sua culpa tresdobra com a terrível agravante de que o lesado não tem meio de reagir contra o delinquente poderoso, em cujas mãos jaz a sorte do litígio pendente.

Não sejais, pois, desses magistrados, nas mãos de quem os autos penam como as almas do purgatório, ou arrastam sonos esquecidos como as preguiças do mato.

Não vos pareçais com esses outros juízes, que, com tabuleta de escrupulosos, imaginam em risco a sua boa fama, se não evitarem o contato dos pleiteantes, recebendo-os com má sombra, em lugar de os ouvir a todos com desprevenção, doçura e serenidade.

Não imiteis os que, em se lhes oferecendo o mais leve pretexto, a si mesmos põem suspeições rebuscadas, para esquivar responsabilidades, que seria do seu dever arrostar sem quebra de ânimo ou de confiança no prestígio dos seus cargos.

Não sigais os que argumentam com o grave das acusações, para se armarem de supeita e execração contra os acusados; como se, pelo contrário, quanto mais odiosa a acusação, não houvesse o juiz de se precaver mais contra os acusadores, e menos perder de vista a presunção de inocência, comum a todos os réus enquanto não liquidada a prova e reconhecido o delito.

Não acompanheis os que, no pretório, ou no júri, se convertem de julgadores em verdugos, torturando o réu com severidades inoportunas, descabidas, ou indecentes; como se todos os acusados não tivessem direito à proteção dos seus juízes, e a lei processual, em todo o mundo civilizado, não houvesse por sagrado o homem, sobre quem recai acusação ainda inverificada.

Não estejais com os que agravam o rigor das leis, para se acreditar com o nome de austeros e ilibados. Porque não há nada menos nobre e aplausível que agenciar uma reputação malignamente obtida em prejuízo da verdadeira inteligência dos textos legais.

Não julgueis por considerações de pessoas, ou pelas do valor das quantias litigadas, negando as somas, que se pleiteiam, em razão da sua grandeza, ou escolhendo, entre as partes na lide, segundo a situação social delas, seu poderio, opulência e conspicuidade. Porque quanto mais armados estão de tais armas os poderosos, mais inclinados é de recear que sejam à extorsão contra os menos ajudados da fortuna; e, por outro lado, quanto maiores são os valores demandados e maior, portanto, a lesão arguida, mais grave iniquidade será negar a reparação, que se demanda.

Não vos mistureis com os togados, que contraíram a doença de achar sempre razão ao Estado, ao Governo, à Fazenda; por onde os condecora o povo com o título de *"fazendeiros"*. Essa presunção de terem, de ordinário, razão contra o resto do mundo, nenhuma lei a reconhece à Fazenda, ao Governo, ou ao Estado.

Antes, se admissível fosse aí qualquer presunção, havia de ser em sentido contrário; pois essas entidades são as mais irresponsáveis, as que mais abundam em meios de corromper, as que exercem as perseguições administrativas, políticas e policiais, as que, demitindo funcionários indemissíveis, rasgando contratos solenes, consumando lesões de toda a ordem (por não serem os perpetradores de tais atentados os que os pagam), acumulam, continuamente, sobre o tesouro público terríveis responsabilidades.

No Brasil, durante o Império, os liberais tinham por artigo do seu programa cercear os privilégios, já espantosos, da Fazenda Nacional. Pasmoso é que eles, sob a República, se cem--dobrem ainda, conculcando-se, até, a Constituição, em pontos de alto melindre, para assegurar ao Fisco essa situação monstruosa, e que ainda haja quem, sobre todas essas conquistas, lhe queira granjear a de um lugar de predileções e vantagens na consciência judiciária, no foro íntimo de cada magistrado. Magistrados futuros, não vos deixeis contagiar de contágio tão maligno. Não negueis jamais ao Erário, à Administração, à União, os seus direitos. São tão invioláveis, como quaisquer outros. Mas o direito dos mais miseráveis dos homens, o direito do mendigo, do escravo, do criminoso, não é menos sagrado perante a justiça que o do mais alto dos poderes. Antes, com os mais miseráveis é que a justiça deve ser mais atenta, e redobrar de escrúpulo; porque são os mais mal defendidos, os que suscitam menos interesse, e os contra cujo direito conspiram a inferioridade na condição com a míngua nos recursos.

Preservai, juízes de amanhã, preservai vossas almas juvenis desses baixos e abomináveis sofismas. A ninguém importa mais do que à magistratura fugir do medo, esquivar humilhações, e não conhecer covardia. Todo o bom magistrado tem muito de heróico em si mesmo, na pureza imaculada e na plácida rigidez, que a nada se dobre, e de nada se tema, senão da outra justiça, assente, cá embaixo, na consciência das nações, e culminante, lá em cima, no juízo divino.

Não tergiverseis com as vossas responsabilidades, por mais atribulações que vos imponham, e mais perigos a que vos exponham. Nem receeis soberanias da terra: nem a do povo, nem a do poder. O povo é uma torrente, que rara vez se não deixa conter pelas ações magnânimas. A intrepidez do juiz, como a bravura do soldado, o arrebatam, e fascinam. Os governos investem contra a justiça, provocam e desrespeitam tribunais; mas, por mais que lhes espumem contra as sentenças, quando justas, não terão, por muito tempo, a cabeça erguida em ameaça ou desobediência diante dos magistrados, que os enfrentem com dignidade e firmeza.

Os presidentes de certas repúblicas são, às vezes, mais intolerantes com os magistrados quando lhes resistem, como devem, do que os antigos monarcas absolutos. Mas, se os chefes das democracias de tal jaez se esquecem do seu lugar, até o extremo de se haverem, quando lhes pica o orgulho, com os juízes vitalícios e inamovíveis de hoje, como se haveriam com os ouvidores e desembargadores d'El-Rei Nosso Senhor, frágeis instrumentos nas mãos de déspotas coroados, — cumpre aos amesquinhados pela jactância dessas rebeldias ter em mente que, instituindo-os em guardas da Constituição contra os legisladores e da lei contra os governos, esses pactos de liberdade não os revestiram de prerrogativas ultramajestáticas, senão para que a sua autoridade não torça às exigências de nenhuma potestade humana. Os tiranos e bárbaros antigos tinham, por vezes, mais compreensão real da justiça que os civilizados e democratas de hoje. Haja vista a história, que nos conta um pregador do século XVII.

"A todo o que faz pessoa de *juiz*, ou ministro", dizia o orador sacro, "manda Deus que não considere na parte a razão de príncipe poderoso, ou de pobre desvalido, senão só a razão do seu próximo...[21] Bem praticou esta virtude Canuto, rei dos Vândalos, que, mandando justiçar uma quadrilha de salteadores, e pondo um deles embargos de que era parente d'El-Rei, res-

---

21. *Levítico*, XIX:15.

pondeu: *Se provar ser nosso parente, razão é que lhe façam a forca mais alta.*".[22]

Bom é que os bárbaros tivessem deixado lições tão inesperadas às nossas democracias. Bem poderia ser que, barbarizando-se com esses modelos, antepusessem elas, enfim, a justiça ao parentesco, e nos livrassem da peste das parentelas, em matérias de governo.

Como vedes, senhores, para me não chamarem a mim revolucionário, ando a catar minha literatura de hoje nos livros religiosos.

Outro ponto dos maiores na educação do magistrado: corar menos de ter errado que de se não emendar. Melhor será que a sentença não erre. Mas, se cair em erro, o pior é que se não corrija. E, se o próprio autor do erro o remeditar, tanto melhor; porque tanto mais cresce, com a confissão, em crédito de justo, o magistrado, e tanto mais se soleniza a reparação dada ao ofendido.

Muitas vezes, ainda, teria eu de vos dizer: Não façais, não façais. Mas já é tempo de caçar as velas ao discurso. Pouco agora vos direi.

---

22. Manuel Bernardes (Pe.). *Sermões e Práticas*, 1762, parte I, p. 263-4.

Não anteponhais o draconianismo[23] à equidade. Dados a tão cruel mania, ganharíeis, com razão, conceito de maus, e não de retos. Não cultiveis sistemas, extravagâncias e singularidades. Por esse meio lucraríeis a néscia reputação de originais; mas nunca a de sábios, doutos, ou conscienciosos. Não militeis em partidos, dando à política o que deveis à imparcialidade. Dessa maneira venderíeis as almas e famas ao demônio da ambição, da intriga e da servidão às paixões mais detestáveis.
Não cortejeis a popularidade. Não transijais com as conveniências. Não tenhais negócios em secretarias. Não delibereis por conselheiros, ou assessores. Não deis votos de solidariedade com outros, quem quer que sejam. Fazendo aos colegas toda a honra que lhes deverdes, prestai-lhes o crédito a que sua dignidade houver direito;

---

23. Drácon recebeu em 621 a.c. poderes extraordinários para por fim ao conflito social provocado pelo golpe de estado de Cilón e foi rígido nas suas leis. Tanto o furto quanto o assassinato recebiam a mesma punição: a morte. Essa severidade fez que o adjetivo "draconiano" (*do francês draconien*) chegasse à posteridade como sinônimo de desumano, excessivamente rígido. (N.E.)

mas não tanto que delibereis só de os ouvir, em matéria onde a confiança não substitua a inspeção direta. Não prescindais, em suma, do conhecimento próprio, sempre que a prova terminante vos esteja ao alcance da vista, e se ofereça à verificação imediata do tribunal. Por derradeiro, amigos de minha alma, por derradeiro, a última, a melhor lição da minha experiência. De quanto no mundo tenho visto, o resumo se abrange nestas cinco (*sic*) palavras: *Não há justiça onde não haja Deus.*
Quereríeis que vo-lo demonstrasse? Mas seria perder tempo, se já não encontrastes a demonstração no espetáculo atual da terra, na catástrofe da humanidade. O gênero humano afundiu-se na matéria, e no oceano violento da matéria flutuam, hoje, os destroços da civilização meio destruída. Esse fatal excídio[24] está clamando por Deus. Quando ele tornar a nós, as nações abandonarão a guerra, e a paz, então, assomará entre elas a paz das leis e da justiça, que o mundo ainda não tem, porque ainda não crê.

---

24. *Excídio*: queda ou ruína. (N.E.)

À justiça humana cabe, nessa regeneração, papel essencial. Assim o saiba ela honrar. Trabalhai por isso os que abraçardes essa carreira, com a influência da altíssima dignidade que do seu exercício recebereis.

Dela vos falei, da sua grandeza e dos seus deveres, com a incompetência de quem não a tem exercido. Não tive a honra de ser magistrado. Advogado sou, há cinquenta anos, e, já agora, morrerei advogado.

É, entretanto, da advocacia no Brasil, da minha profissão, do que nela, em experiência, acumulei, praticando-a, que me não será dado agora tratar. A extensão já demasiadíssima deste colóquio em desalinho não me consentiria acréscimo tamanho. Mas que perdereis, com tal omissão? Nada.

Na missão do advogado também se desenvolve uma espécie de magistratura. As duas se entrelaçam, diversas nas funções, mas idênticas no objeto e na resultante: a justiça. Com o advogado, justiça militante. Justiça imperante, no magistrado.

Legalidade e liberdade são as tábuas da vocação do advogado. Nelas se encerra, para ele, a síntese de todos os mandamentos. Não desertar a justiça, nem cortejá-la. Não lhe faltar com a fidelidade, nem lhe recusar o conselho. Não transfugir da legalidade para a violência, nem trocar a ordem pela anarquia. Não antepor os poderosos aos desvalidos, nem recusar patrocínio a estes contra aqueles. Não servir sem independência à justiça, nem quebrar da verdade ante o poder. Não colaborar em perseguições ou atentados, nem pleitear pela iniquidade ou imoralidade. Não se subtrair à defesa das causas impopulares, nem à das perigosas, quando justas. Onde for apurável um grão, que seja, de verdadeiro direito, não regatear ao atribulado o consolo do amparo judicial. Não proceder, nas consultas, senão com a imparcialidade real do juiz nas sentenças. Não fazer da banca balcão, ou da ciência mercatura. Não ser baixo com os grandes, nem arrogante com os miseráveis. Servir aos opulentos com altivez e aos indigentes com caridade. Amar a pátria, estremecer o próximo, guardar fé em Deus, na verdade e no bem.

Senhores, devo acabar. Quando, há cinquenta anos, saía eu daqui, na velha Pauliceia, solitária e brumosa, como hoje saís da transfigurada metrópole do máximo Estado brasileiro, bem outros eram este país e todo o mundo ocidental.

O Brasil acabava de varrer do seu território a invasão paraguaia, e, na América do Norte, poucos anos antes, a guerra civil limpara da grande república o cativeiro negro, cuja agonia esteve a pique de a soçobrar despedaçada. Eram dois prenúncios de uma alvorada, que dourava os cimos do mundo cristão, anunciando futuras vitórias da liberdade.

Mas, ao mesmo tempo, a invasão germânica alagava terras de França, deixando-a violada, transpassada no coração e cruelmente mutilada, aos olhos secos e indiferentes das outras potências e mais nações europeias, grandes ou pequenas.

Ninguém percebeu que se estavam semeando o cativeiro e a subversão do mundo. Daí a menos de cinquenta anos, aquela atroz exacerbação do egoísmo político envolvia culpados e inocentes numa série de convulsões, tal, que acreditaríeis haver-se despejado o inferno entre as nações da terra, dando ao inaudito fenômeno humano proporções quase capazes de representar, na sua espantosa imensidade, um cataclismo cósmico. Parecia estar-se desmanchando e aniquilando o mundo. Mas era a eterna justiça que se mostrava. Era o velho continente que principiava a expiar a velha política, desalmada, mercantil e cínica, dos Napoleões, Metternichs e Bismarcks, num ciclone de abominações inenarráveis, que bem depressa abrangeria, como abrangeu, na zona das suas tremendas comoções, os outros continentes, e deixaria revolvido o orbe inteiro em tormentas catastróficas, só Deus sabe por quantas gerações além dos nossos dias.

O Briareu[25] do inexorável mercantilismo que explorava a humanidade, o colosso do egoísmo universal, que, durante um século, assistira impassível à entronização dos cálculos dos governos sobre os direitos dos povos, o reinado ímpio da ambição e da força rolava, e se desfazia, num desmoronamento pavoroso, levando por aí a rojo impérios e dinastias, reis, domínios, constituições e tratados. Mas a medonha intervenção

---

25. *Briareu* (em grego, *Briareos*: forte vigoroso) era um terrível monstro. Um dos três Hecatônquiros, gigantes com cem braços e cinquenta cabeças, filhos de Gaia e Urano. (N.E.)

dos poderes tenebrosos do nosso destino mal estava começada. Ninguém poderia conjeturar ainda como e quando acabará.

Neste canto da terra, o Brasil "da hegemonia sul-americana", entreluzida com a guerra do Paraguai, não cultivava tais veleidades, ainda bem que, hoje, de todo em todo extintas. Mas encetara uma era de aspirações jurídicas e revoluções incruentas. Em 1888, aboliu a propriedade servil. Em 1889, baniu a coroa e organizou a república. Em 1907, entrou, pela porta de Haia, ao concerto das nações. Em 1917, alistou-se na aliança da civilização para empenhar a sua responsabilidade e as suas forças navais na guerra das guerras, em socorro do direito das gentes, cujo código ajudara a organizar na Segunda Conferência da Paz.

Mas, de súbito, agora, um movimento desvairado parece estar-nos levando, empuxados de uma corrente submarina, a um recuo inexplicável. Diríeis que o Brasil de 1921 tendesse, hoje, a repudiar o Brasil de 1917. Por quê? Porque a nossa política nos descurou dos interesses, e, ante isso, delirando em acesso de frívolo despeito, iríamos desmentir a excelsa tradição, tão gloriosa, quão inteligente e fecunda? Não, senhores, não seria possível. Na resolução de 1917 o Brasil ascendeu à elevação mais alta de toda a nossa história. Não descerá. Amigos meus, não. Compromissos daquela natureza, daquele alcance, daquela dignidade não se revogam. Não convertamos uma questão de futuro em questão de relance. Não transformemos uma questão de previdência em questão de cobiça. Não reduzamos uma imensa questão de princípios a vil questão de interesses. Não demos de barato a essência eterna da justiça por uma rasteira desavença de mercadores. Não barganhemos o nosso porvir a troco de um mesquinho prato de lentilhas. Não arrastemos o Brasil ao escândalo de se dar em espetáculo à terra toda como a mais fútil das nações, nação que, à distância de quatro anos, se desdissesse de um dos mais memoráveis atos de sua vida, trocasse de ideias, variasse de afeições, mudasse de caráter, e se renegasse a si mesma.

Ó, senhores, não, não e não! Paladinos, ainda ontem, do direito e da liberdade, não vamos agora mostrar os punhos contraídos aos irmãos, com que comungávamos, há pouco, nessa verdadeira cruzada. Não percamos, assim, o equilíbrio da dignidade, por amor de uma pendência de estreito caráter comercial, ainda mal liquidada, sobre a qual as explicações dadas à nação pelos seus agentes, até esta data, são inconsistentes e furta-cores. Não culpemos o estrangeiro das nossas decepções políticas no exterior, antes de averiguarmos se os culpados não se achariam aqui mesmo, entre os a quem se depara, nestas cegas agitações de ódio a outros povos, a diversão mais oportuna dos nossos erros e misérias intestinas.

O Brasil, em 1917, plantou a sua bandeira entre as da civilização nos mares da Europa. Daí não se retrocede facilmente, sem quebra da seriedade e do decoro, se não dos próprios interesses. Mais cuidado tivéssemos, em tempo, com os nossos, nos conselhos da paz, se neles quiséssemos brilhar melhor do que brilhamos nos atos da guerra, e acabar sem contratempos ou dissabores.

Agora, o que a política e a honra nos indicam é outra coisa. Não busquemos o caminho de volta à situação colonial. Guardemo-nos das proteções internacionais. Acautelemos-nos das invasões econômicas. Vigiemo-nos das potências absorventes e das raças expansionistas. Não nos temamos tanto dos grandes impérios já saciados, quanto dos ansiosos por se fazerem tais à custa dos povos indefesos e mal governados. Tenhamos sentido nos ventos, que sopram de certos quadrantes do céu. O Brasil é a mais cobiçável das presas; e, oferecida, como está, incauta, ingênua, inerme, a todas as ambições, tem, de sobejo, com que fartar duas ou três das mais formidáveis. Mas o que lhe importa é que dê começo a governar-se a si mesmo; porquanto nenhum dos árbitros da paz e da guerra leva em conta uma nacionalidade adormecida e anemizada na tutela perpétua de governos, que não escolhe. Um povo dependente no seu próprio território e nele mesmo sujeito ao domínio de senhores não pode almejar seriamente, nem seriamente manter a sua independência para com o estrangeiro.

Eia, senhores! Mocidade viril! Inteligência brasileira! Nobre nação explorada! Brasil de ontem e amanhã! Dai-nos o de hoje, que nos falta.

Mãos à obra da reivindicação de nossa perdida autonomia; mãos à obra da nossa reconstituição interior; mãos à obra de reconciliarmos a vida nacional com as instituições nacionais; mãos à obra de substituir pela verdade o simulacro político da nossa existência entre as nações. Trabalhai por essa que há de ser a salvação nossa. Mas não buscando salvadores. Ainda vos podereis salvar a vós mesmos. Não é sonho, meus amigos: bem sinto eu, nas pulsações do sangue, essa ressurreição ansiada. Oxalá não se me fechem os olhos, antes de lhe ver os primeiros indícios no horizonte. Assim o queira Deus.

Este livro foi impresso pela Gráfica Rettec
em fonte Minion Pro sobre papel Pólen Bold 70 g/m²
para a Edipro.